Primeros Lectores Ciencias
Máquinas Simples

Palancas

Texto: Michael Dahl
Traducción: Dr. Martín Luis Guzmán Ferrer
Revisión de la traducción: María Rebeca Cartes

Consultora de la traducción:
Dra. Isabel Schon, Directora
Centro para el Estudio de Libros
Infantiles y Juveniles en Español
California State University-San Marcos

Bridgestone Books
an imprint of Capstone Press
Mankato, Minnesota

Bridgestone Books are published by Capstone Press
818 North Willow Street, Mankato, Minnesota 56001 • http://www.capstone-press.com

Library of Congress Cataloging-in-Publication Data
Dahl, Michael S.
    [Levers. Spanish]
    Palancas/de Michael Dahl; traducción de Martín Luis Guzmán Ferrer; revisión
de la traducción de María Rebeca Cartes.
        p. cm.—(Primeros lectores ciencias. Máquinas simples)
    Includes bibliographical references and index.
    Summary: Describes many different kinds, uses, and benefits of levers.
    ISBN 1-56065-793-6
    1. Levers—Juvenile literature. [1. Levers. 2. Spanish language materials.] I. Title.
II. Series: Early reader science. Simple machines. Spanish.
TJ182.D3418 1998
621.8'11—dc21
                                                                    98-18753
                                                                       CIP
                                                                        AC

Editorial Credits

Martha E. Hillman, translation project manager; Timothy Halldin, cover designer

Photo Credits

FPG/Michael Krasowitz, 20
International Stock/Elliot Smith, 14
Stokka Productions, cover
Unicorn Stock Photos/Betts Anderson-Lohman, 8, 18; Dennis Thompson, 12
Visuals Unlimited/J. Daly, 4; C.E. Arnett, 6; Nancy L. Cushing, 10; Bernd Wittich, 16

Contenido

Máquinas

Las máquinas son cualquier herramienta que ayuda a la gente a trabajar. Una palanca es una máquina. Un destapador de botellas es un ejemplo de una palanca.

Palancas

Cada palanca está hecha de una barra y un punto de apoyo. La barra es la parte de la palanca que se mueve y da vueltas. El punto de apoyo es el punto que no se mueve. Un subibaja es un tipo de palanca.

Levantar una carga

Un lápiz y un rollo de papel pueden trabajar juntos como palanca para levantar un libro. El libro es la carga de la palanca. El rollo de papel es el punto de apoyo. La palanca hace más fácil levantar la carga.

Palancas en acción

El punto de apoyo del subibaja está en el centro exacto de la barra. El punto de apoyo permite que un niño suba con facilidad al otro niño en el subibaja. Sin la palanca, los niños no podrían levantarse el uno al otro.

Palancas de primera clase

Los martillos y los subibajas son ambos palancas. Cada uno tiene su punto de apoyo, colocado en algún lugar entre el esfuerzo y la carga. Si una palanca tiene su apoyo en el centro, se llama palanca de primera clase.

Palancas de segunda clase

Una carretilla es otro tipo de palanca. El punto de apoyo de la carretilla es su rueda. La carga está a la mitad, entre el apoyo y el trabajador. Esto hace que la carretilla sea una palanca de segunda clase.

Palancas de tercera clase

Una escoba es una palanca. El punto de apoyo está donde la mano coge la escoba por arriba. El trabajo lo hace la otra mano a la mitad de la escoba. La palanca de tercera clase es cuando el trabajo se hace entre el apoyo y la carga.

Dos o más palancas juntas

El mango de un cortauñas es una palanca. Este empuja las hojas hasta juntarlas. Las hojas son otro sistema de palancas. Cuando dos o más palancas trabajan juntas, las llamamos combinación de palancas.

Hay palancas en todas partes

La gente usa palancas todos los días para ayudarse en su trabajo. Las palancas hacen el trabajo y los juegos más fáciles. Un mundo sin palancas no tendría bates de béisbol, bastones de hockey, cañas de pescar o pianos.

Manos a la obra: Haz tu propia palanca

Con una palanca, puedes levantar más piedras de lo que pensarías.

Qué necesitas

Una bolsa con agarraderas
Varias piedras
Una cuerda fuerte
Un mango de escoba
Una mesa

Qué tienes que hacer

1. Pon las piedras en la bolsa. Siente qué pesada está.
2. Ata una punta de la cuerda a las asas de la bolsa.
3. Ata la otra punta de la cuerda a la mitad del palo de escoba.
4. Pon una punta del palo de escoba en la mesa.
5. Levanta la otra punta del palo de escoba, jalando la bolsa con piedras del suelo.

La bolsa de piedras parece más ligera que antes. La palanca ha hecho que tu trabajo sea más fácil. El apoyo de tu palanca es la mesa. La bolsa de piedras es tu carga. La carga está entre el apoyo y el trabajador. Esta es una palanca de segunda clase.

Conoce las palabras

barra—la parte tiesa de la palanca que se mueve y tuerce

carga—cualquier cosa que la palanca mueve o eleva

combinación de palancas—palancas que trabajan juntas con el mismo propósito

esfuerzo—la energía que una persona le aplica a una máquina

herramienta—cualquier cosa que una persona usa para hacer un trabajo

punto de apoyo—la parte de la palanca que permanece fija

Más lecturas

Dunn, Andrew. *Lifting by Levers.* How Things Work. New York: Thomson Learning, 1993.

Hewitt, Sally. *Machines We Use.* New York: Children's Press, 1998.

Seller, Mick. *Wheels, Pulleys, and Levers.* Science Workshop. New York: Gloucester Press, 1993.

Índice